APPENDICE

AUX

ESSAIS

SUR L'ÉTAT ACTUEL

DE LA FRANCE.

1ᵉʳ Mai 1796.

Par B. F. A. FONVIELLE.

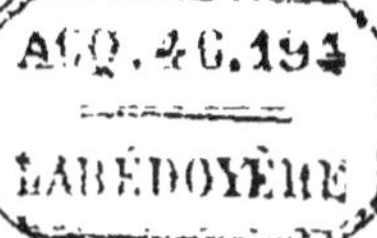

Hommes de bonne-foi, mettez-vous à ma place,
prenez ma plume, méditez un moment sur
la tâche que je m'impose, et dites-moi si vous
oserez dire toute la vérité.

Essais sur l'État actuel de la France,
Chap. premier, pag. 3.

A PARIS, et dans les Départemens,

Chez tous les Libraires qui ont distribué les Essais
sur l'État de la France.

---

1 Décembre 1796.

A V I S.

LES exemplaires de cet appendice ont été
tirés en même nombre que ceux de l'ouvrage
auquel il se rapporte. Il sera distribué gratis
aux acheteurs passés ou futurs des Essais sur
l'état de la France. On voudra bien s'adresser,
à cet effet, aux mêmes Libraires qui ont fait
la vente de cet ouvrage.

*Je suis forcé d'observer aux personnes qui m'ont
fait l'honneur de m'écrire, que n'ayant pas eu la
complaisance d'affranchir leurs lettres, elles m'ont
constitué dans une dépense onéreuse que je ne devais point supporter. Je les prie de vouloir bien
à l'avenir m'adresser franc de port, ce qu'elles
croiraient avoir encore à me dire. Seul contre tous,
mon fardeau serait trop pesant.*

APPENDICE

AUX

ESSAIS SUR L'ÉTAT ACTUEL

DE LA FRANCE.

1er Mai 1796.

JE croyais avoir pris des précautions suffisantes pour la pleine intelligence de ma véritable pensée dans quelques chapitres de mon Ouvrage. Il est certains passages où j'ai cru devoir m'envelopper, et plusieurs de mes lecteurs m'en ont fait un crime. Dans les numéros 140 et 141 du journal de Lyon, seconde année, on a réfuté mon chapitre du 13 vendémiaire ; j'ai répondu à mon réfutateur dans le même journal numéros 147, 148 et 149, et j'y ai démontré que l'on n'a pas su lire comme je voulais et devais être lu ; cependant tous les jours je reçois de nouveaux reproches, tous les jours on m'écrit qu'on est plus qu'étonné de ce qu'à l'occasion de certains faits et de *certains personnages*, je ressemble si peu à moi-même.

Quoique l'amertume de ces reproches soit compensée par mille témoignages d'affection et d'estime que mon Ouvrage m'a procurés, je ne crois pas devoir laisser le public incertain sur ce qu'il doit penser de mes véritables principes, et puisque enfin, malgré l'attention que j'ai eue de renvoyer souvent mes lecteurs à mon premier chapitre, pour leur rappeller que l'on devait me lire et me juger en masse et bien souvent m'entendre à demi mot, puisque, dis je, on a eu la rigueur de prendre tout ce que j'ai dit à la lettre, sous prétexte que j'ai paru le desirer ainsi quelquefois, je vais copier ici, pour ceux qui ne lisent pas le journal de Lyon, les numéros où je suis réfuté, et ceux où j'ai répondu aux reproches de mon critique.

Plusieurs de mes lecteurs ne se sont point mépris sur le sens de quelques expressions équivoques, de quelques avertissemens qui ont assez généralement produit un autre effet que celui que j'en attendais, de quelques terminaisons ou trop tranchantes ou superflues au premier coup-d'œil ; ils m'ont parfaitement compris et ne m'ont pas blâmé des ménagemens que j'avais cru devoir employer, le ton entier de mon Ouvrage ne leur permettant aucun doute sur mes intentions. Ce n'est pas eux que je dois détromper, et je les prie de recevoir cet Appendice comme une preuve du prix que j'attache à leur opinion favorable que je me plais à justifier à leurs propres yeux.

Quant à ceux qui sont dans des dispositions contraires, ne pouvant leur répondre personnellement, puisque, pour la plus part, leurs reproches ne sont point signés, je les prie de se contenter de ce que je mets sous leurs yeux, et de considérer que, si je ne me justifie pas sur tous les points, il y aurait trop de sévérité à m'en blâmer encore. Ma réponse au réfutateur de Lyon leur suffira sans doute ; elle doit me disculper pleinement aux yeux de tout homme de bonne-foi, même du reproche d'avoir marqué de courage, seule supposition que l'on ait pu admettre avec quelque apparence de raison.

Il y aurait par trop d'injustice à refuser de se reporter, pour me juger, au temps et aux lieux où j'ai composé mes Essais ; mais qu'on veuille bien fixer ma position au premier mai 1796, et que l'on me dise si je n'ai point, sous ce rapport, des droits à beaucoup d'indulgence.

Saisi, sur la fin de mars, par un inconnu que je dus prendre pour un voleur et que je traitai publiquement en conséquence ; forcé de me cacher pour éviter une arrestation injuste et arbitraire dont, à ma place, mon frère fut frappé quelques jours après ; travaillant par désœuvrement, par dépit peut-être, à un ouvrage auquel je n'aurais jamais pensé, sans cet évènement ; plus occupé à modérer ma plume impatiente qu'à calculer mes forces pour l'exécution d'un si vaste plan ; écrivant à une époque et dans un pays où la terreur avait repris tout son empire ; terminant en vingt-trois jours ce premier essai de mon amour pour mon pays, et dans un temps où personne n'avait encore osé parler avec tant d'assurance ; dans un temps où les vérités que j'osais proclamer n'avaient encore été proférées par aucun écrivain ; n'ai-je point en effet eu le droit de compter sur quelque indulgence, et de laisser à mes lecteurs quelque chose à méditer, à deviner dans mon écrit ?

Si l'on prenait la peine de comparer ce que j'ai imprimé au premier mai avec ce qu'on a dit depuis, on conviendrait peut-être que j'ai frayé, à beaucoup d'égards, une route nouvelle. Mais veut on ne pas remonter jusques-là ? Qu'on lise quelques notes de mon Plaidoyer pour mon frère, imprimé le 12 brumaire, on verra que je n'avais pas attendu la mort du malheureux Cussi pour exécrer hautement le code de l'émigration. N'ai-je pas, à cet égard, devancé les cris de l'opinion publique ? Vous avez lu depuis tous les journaux, qu'ont-ils ajouté sur cette matière à ce que j'avais dit avant eux ?

Je m'arrête à cette considération. J'avance un fait récent, il est aisé de le vérifier. J'en conclus qu'on n'aurait pas du me réduire à publier cet Appendice ; que mon Ouvrage porte en lui-même toute la justification dont quelques parties peuvent paraître avoir besoin ; que c'est-là un Ouvrage utile ; et, je le dis avec franchise, parceque j'en suis bien convaincu ; tous les jours on en doutera moins à mesure que nous deviendrons plus sages et plus résignés à la force de la nécessité.

En finissant ce trop long préambule, je prie le lecteur de vouloir bien que je lui communique un passage de mon journal.

Du 5 octobre 1796. L'ami G... m'a amené M. C... logé... Ce dernier avait désiré ma connaissance ayant lu mes Essais. » J'élevais, m'a-t-il dit, dans la conversation, j'élevais mes » enfans à la Rousseau ; je vous ai lu ; et, depuis le premier » de ce mois, tous les matins j'ai une conférence avec mes » enfans sur la religion »—Voilà, s'est écrié G... les effets d'un bon livre... Il serait donc vrai que j'ai fait un bon livre ! Tant mieux !... Il y en a tant et tant de mauvais !...

Vous me pardonnerez, lecteur, cette dernière réflexion ; je ne l'avais écrite que pour moi. Je la trouve sur mon journal, je la copie sans hésiter.... S'en suivra-t-il que j'ai fait un bon livre ? — Oui, si avec moi vous appellez bon tout ce qui est utile ; or, ici, il n'est pas douteux qu'il a opéré un grand bien : et c'est le moindre de ceux que j'ai déjà le droit de lui attribuer ! et dans quelques années il en aura produit bien d'autres ! Plus le tems coulera sur mes pages hardies au premier mai 1796, plus leur hardiesse s'effacera. En devra-t-on conclurre qu'il n'y eut aucun courage à les écrire, et devra-t-on ne me juger alors que sur mes réticences ?.... Vous qui m'avez blâmé, si j'ai choqué votre raison dans quelque partie de mes Essais, relisez-les : si vous me trouvez trop loin de vos idées, avant de répéter que j'ai tort, relisez-moi encore : si vous ne me comprenez pas, cessez de lire et abstenez-vous de me juger : ce n'est pas pour vous que j'ai écrit.

Réfutation de l'opinion de Fonvielle sur le 13 vendémiaire, dans ses ESSAIS SUR L'ÉTAT ACTUEL DE LA FRANCE.

Au rédacteur du journal de Lyon.

ASSURÉMENT, citoyen rédacteur, tous ceux qui liront les *Essais sur l'état actuel de la France, par Fonvielle*, applaudiront au rapport avantageux que vous en faites ; mais nous croyons que quelques opinions de cet écrivain ne plairont pas à tout le monde : telle est celle, comme vous le remarquez, sur le 13 vendémiaire, que nous allons réfuter de tout notre pouvoir.

On est vivement affecté, et on ne revient pas de la méprise du citoyen Fonvielle, dans l'application qu'il fait de la constitution, pour justifier les prétentions de la convention dans ses décrets des 5 et 13 fructidor, pour la réélection des deux tiers de ses membres, et pour excuser, sans les approuver, les expéditions militaires de la convention contre les assemblées primaires et l'assemblée électorale de Paris, qui ne revendiquaient que leurs droits, et ses mesures rigoureuses pour l'exécution dans toute la France, des décrets de réélection.

Et tandis que toute la saine partie de la France a réclamé contre cette réélection ; tandis que depuis long-temps, tous les écrivains, et les représentans même, ne craignent point de fronder la journée du 13 vendémiaire ; l'élargissement et l'emploi des scélérats pour cette expédition, ainsi que l'amnistie dont ils ont été récompensés ; tandis que l'acquittement, et non *l'amnistiement* des prévenus pour raison d'opposition à la réélection, atteste les torts de la convention ; comment le citoyen Fonvielle a-t-il pu encore trouver *les principes* dans la conduite de la convention, et *l'erreur* dans celle des assemblées primaires ?

A entendre le citoyen Fonvielle, on dirait que les assemblées primaires ont violé ouvertement la constitution :

sur quoi appuie-t-il son opinion ? C'est particulièrement sur l'art. 53 de cette constitution, ainsi conçu :

L'un et l'autre conseil est renouvellé tous les ans par tiers.

Quel rapport les deux conseils ont-ils avec la convention ? Qui ne voit que la disposition de cet article, n'est relative qu'au renouvellement du nouveau corps législatif, à raison de son organisation ? S'il en étoit autrement, il faudrait donc croire à une réélection éternelle dans la convention. Qui ne voit que cette disposition ne regardant que l'avenir, c'eût été lui donner un effet rétroactif, que de la reporter sur la convention, en outre éteinte par la constitution ?

La convention elle-même, dans son décret du 5 fructidor, s'est bien gardée d'exciper de cet article en faveur de sa prétention ; c'eût été confesser que son décret était, à dire moins, inutile : en effet, si la constitution eût voulu la réélection, elle se serait opérée sans besoin de plus ample instruction. Le décret du 5 fructidor n'est donc qu'une innovation contraire à la constitution : et puisqu'on avait droit de rejetter la constitution, on en avait bien plus encore de rejetter ce décret et celui du 13 fructidor, qui étoient hors et contre la constitution.

Entrant ensuite dans les vues de la convention sur l'importance de la réélection, pour le soutien de la nouvelle constitution, le citoyen Fonvielle cite en preuve l'art. 135 de cette constitution, portant que les *membres du directoire ne peuvent être pris que parmi les citoyens qui ont été membres du corps législatif ou ministres.*

Mais voici la restriction qui suit cet article.

La disposition du présent article ne sera observée qu'à commencer de l'an neuvième de la république.

Cette disposition dont l'observance est renvoyée si loin, de quel poids pouvait-elle être pour autoriser une réélection présente ? Et comment le citoyen Fonvielle a-t-il pu en faire un titre à la convention ?

Pour se convaincre que la convention, en formant la constitution, n'avait trouvé aucune nécessité à la réélection des deux tiers de ses membres, on n'a qu'à se rappeller que, suivant la constitution, art. 102, le conseil des anciens peut, par un décret *sur cet objet irrévocable,* changer la résidence du corps législatif ; et qu'il est dit par l'art. 105. que, *si la majorité de chacun des deux conseils n'a pas fait connaître son arrivée au nouveau lieu indiqué dans les vingt jours après celui fixé par le conseil des anciens, ou*

A 4

sa réunion dans un autre lieu quelconque, il sera convoqué des assemblées primaires pour nommer des électeurs qui procèderont à la formation d'un nouveau corps législatif, par l'élection de 250 députés pour le conseil des anciens, et de 500 pour l'autre conseil.

Or il aurait pu arriver que le conseil des anciens, un mois après la réunion du corps législatif, eût changé sa résidence, et que la majorité de chacun des deux conseils n'eût pas voulu se rendre au nouveau lieu, ni se réunir dans un autre ; tout le corps législatif aurait donc alors été changé, et l'importance de la réélection des deux tiers serait donc alors devenue nulle. Qui croira encore, d'après cet argument, que la convention ait jamais voulu comprendre dans la constitution, une précaution dont en même temps elle détruisait l'effet ? Ou plutôt, qui ne sera pas persuadé que la réélection n'est que dans le décret du 5 fructidor ?

Aux moyens qui constatent l'illégalité de la réélection, nous ajouterons quelques réflexions pour prouver la futilité de cette prétention.

L'assemblée constituante, formée d'hommes des plus éclairés de la France. ne crut point nécessaire la réélection d'aucun de ses membres, ni pour l'activité de sa constitution, ni pour diriger l'assemblée qui devoit lui succéder.

L'assemblée législative ne rendit aucun décret pour l'introduction d'une partie de ses membres dans la convention.

Cependant la convention, déjà d'élection cabalée, la convention teinte du sang français, fondatrice de la constitution de 1793, fondatrice du gouvernement révolutionnaire, chargée de responsabilités, cette convention serait la seule assemblée qui eût acquis des droits à la conservation des deux tiers de ses membres ? Quel renversement d'idées !

Examinons à présent d'autres points sur lesquels la convention a violé évidemment la constitution, par ses décrets des 5 et 13 fructidor.

Il est statué par l'art. 41 de la constitution ; que *les assemblées électorales élisent le conseil des anciens et celui des cinq-cents ;* et par l'art. 49, que *chaque département concourt, à raison de sa population, à la nomination des membres du conseil des anciens et du conseil des cinq-cents.*

Au mépris de ces deux articles de la constitution, le décret du 5 fructidor, titre III, art. 8, veut que le mode de répartition de tous les membres, actuellement en activité, soit déterminé par un nouveau décret ; et c'est par l'article 5 du décret du 13 fructidor, que la distribution des députés entre le conseil des cinq cents et celui des anciens , sera faite pour cette fois, par la totalité de ceux qui seront élus pour former le corps législatif.

C'est-à-dire , que la Convention ôte au peuple ce droit de distribution , dans l'occasion la plus importante.

L'art. 27 de la Constitution porte que *les assemblées primaires s'assemblent de plein droit le premier germinal de chaque année ;* et l'art. 36 , que *l'assemblée électorale de chaque département se réunit le 20 germinal de chaque année.*

Contre la teneur de ces deux articles de la Constitution , le décret du 5 fructidor , titre III , art. 14 , veut que les assemblées tant primaires qu'électorales qui vont être successivement convoquées , le soient par anticipation sur celle de l'an IV, pendant laquelle il n'en sera point fait.

Ainsi la Convention, de son autorité privée , intervertit l'ordre des assemblées fixé par la constitution.

Enfin , qu'on lise les articles 3 et 6 du décret du 13 fructidor , on verra qu'ils sont combinés de façon que la convention , bravant la lettre et l'esprit de la constitution , se constitue corps électoral , et rend illusoire , au moment d'élire , le droit d'élection du peuple.

Cependant l'art. 375 de la constitution interdit tout changement dans son ensemble ou dans aucune de ses parties , excepté par la voie de révision , conformément au titre XIII , où la proposition de révision est réservée au conseil des anciens.

Nous le demandons actuellement au citoyen Fonvielle : la constitution par qui a-t-elle été violée ? Est-ce par la convention ou par les assemblées primaires ?

Nous aimons à croire que , si le citoyen Fonvielle veut y réfléchir mieux , il reconnaîtra que les assemblées primaires , en s'élevant contre les décrets des 5 et 13 fructidor , n'ont fait que défendre leurs droits et leur liberté établis par la constitution ; et que la convention n'a été fondée et soutenue dans ses prétentions , que sur ce principe si bien consacré par *Lafontaine* :

LA RAISON DU PLUS FORT EST TOUJOURS LA MEILLIEURE.

Reponse de l'auteur des ESSAIS SUR L'ÉTAT ACTUEL DE LA FRANCE aux observations critiques insérées dans les numéros 140 et 141 du journal de Lyon.

Fonvielle aîné, au citoyen Pelzin, rédacteur du journal de Lyon.

Paris, 21 Octobre 1796.

J'AI lu, mon ami, les numéros 140 et 141 de ton journal ; permets-moi d'y répondre. J'attends de ta justice et de ton amitié que ma lettre y sera insérée en son entier.

Une preuve que mon réfutateur a tort à mon égard, c'est que sa réfutation est sans replique. Je n'aurais rien à lui dire, s'il n'avait pris le change sur mon opinion, puisqu'il a jugé, comme je l'aurais fait moi-même, si tel eut été mon dessein, un procès dont je n'ai voulu être que le rapporteur.

Avant de commencer ma défense, je ferai remarquer à mes lecteurs que l'on a été plus sévère à Lyon contre mon chapitre du 13 vendemiaire qu'on ne l'a été à Paris. Il n'est pas un seul journaliste qui se soit mépris sur le but véritable de mon ouvrage ; tous en ont saisi et approuvé l'esprit, tous en ont fait l'éloge sans restriction, à l'exception du journaliste des hommes libres qui a cru me mettre à l'index en prouvant que j'ai pensé de la révolution *qu'elle fut toute entière l'œuvre d'une faction infernale qui mit en jeu un ressort unique, LA PEUR ; qui ne connut qu'une soite de moyens, LE MEURTRE, L'INCENDIE, LA DÉVASTATION, LE PILLAGE ; qui n'eut qu'un but, comme elle ne pouvait avoir qu'un dernier terme, de corrompre et dépraver profondément au moral ainsi qu'au physique tout ce qu'elle n'a pas dévoré.*

Ce journaliste assez clairvoyant excepté, tous les autres ont trouvé mon ouvrage *empreint de vérités fortes et hardies,* et ont cité avec complaisance des passages qui justifient leur décision. L'un deux a copié en entier ma note 2 du chapitre que mon critique de Lyon a réfuté, aucun ne m'a accusé de n'avoir pas plaidé la cause des sections de Paris opposantes aux décrets des 5 et 13 fructidor. D'où vient ce concert d'approbation tacite à Paris et cette improbation positive à Lyon ? C'est que là j'ai été jugé en masse et ici jugé en détail. C'est que là on a reconnu qu'on ne devait point isoler tel ou tel chapitre d'un ouvrage où l'auteur dit positivement (note 1.re , pag. 142.) « Je divise ma matière pour ne répandre que par dégrés » la lumière de la vérité. Nous sortons d'une longue nuit ; » je veux, s'il m'est possible, éclairer non pas éblouir ». Après cette remarque j'entre en matière.

L'intitulé du chapitre réfuté indique seul ce que j'ai voulu faire et dans quel esprit j'ai voulu être lu. Je n'ai point dit dans ce titre *jugement*, mais *examen* des débats de vendémiaire an IV, et tout de suite une note fait abandonner le texte au lecteur, et il lit : « tous les jours l'o- » pinion s'épure sur cette sanglante journée ; je mécouten- » terai dans ce chapitre bien des gens *dont je respecte les* » *principes* : mais dois-je prendre sur moi tout le fardeau » des circonstances ; et m'est-il défendu d'user de quelques » ménagemens ? Je prie le lecteur de relire le chapitre 1.er » du liv. 1.er ». Or que dit ce chapitre auquel je renvoie ? Que j'écris au sein de la France, que je paroîtrai souvent au-dessous du courage que semble exiger mon sujet, que souvent je couvrirai la vérité d'un voile léger, et j'en expose la raison, et qu'il faut que l'on sache quelquefois m'entendre à demi mot, voulant user de quelques ménagemens pour utiliser mes efforts.

Or, je le demande, après ces préparations que j'ai crues nécessaires, un lecteur attentif a t-il pu croire qu'il alloit lire toute mon opinion dans ce chapitre, s'il ne cherchait pas à y démêler la véritable pensée de l'auteur ? Et après avoir lu la note 2 , qui le précède en quelque sorte, et qui seule tranche la question, avant même qu'elle ne soit posée, a t-il pu me considérer autrement que comme un rapporteur impartial qui, sans oser proférer un avis, ne s'est attaché qu'à rassembler les raisons les plus fortes qu'ont alléguées ou pu alléguer en leur faveur les partisans ou les opposans à la réélection des deux tiers ?

Le but le plus universel de mon ouvrage a été de calmer l'effervescence des partis qui déchirent la France, de leur prêcher la réconciliation, de les rallier au gouvernement actuel, puisque enfin il est établi ; et, pour cela, j'ai du ,

autant que je l'ai pu , accorder à ce gouvernement les ca-
ractères de légitimité. J'ose dire que j'ai rempli cette tâche
pénible avec tous les ménagemens que je devais aux vain-
queurs et aux vaincus, et il me semble que l'on doit me
savoir quelque gré , sinon de mon succès , du moins de
mes efforts, quand mon intention est manifestement établie.
Quand j'ai parlé au nom des sections , j'ai résumé sans
les affaiblir les raisons qui déterminèrent leur opposition.
Quand j'ai parlé au nom de la Convention, j'ai employé,
non des raisons, mais des raisonnemens, où si l'on veut
même des sophismes , parce que je ne pouvois avoir d'autres armes que celles dont elle se servit elle-même ; et
si mon réfutateur a répondu à des raisonnemens par des
raisonnemens , et a fixé la raison de son côté ; pour être
juste , il devait avoir discerné mes intentions , distingué le
rôle que je m'étais distribué dans cette discussion, et m'a-
voir laissé à l'écart lorsqu'il a attaqué le seul système de
défense possible des décrets des 5 et 13.

Veut-on se convaincre que je n'ai rien négligé pour ne
pas être personnellement responsable de ce système de défense ? Il ne faut que remonter quelques pages plus haut ;
on y verra avec quelles précautions je me suis préparé à
l'examen des débats du 13 vendémiaire, page 233 ; je ca-
ractérise la révolte de prairial *une conspiration contre le
peuple* , et je m'écrie dans une note : *conçoit-on bien ce que
c'est qu'une conspiration contre le peuple, dans un régime
tel que le nôtre ?* Plus loin, page 234 , je définis le mou-
vement du 13 vendémiaire *UNE CONSPIRATION DU
PEUPLE* contre le gouvernement futur. Ces expressions
n'ont-elles pas tout dit ? Quand nous reconnoissons que le
peuple est souverain ; quand , page 259 , je refuse à toute
autorité le droit de criminaliser le vœu des sections; n'ai-
je pas dit d'une manière positive que le vœu du peuple a
été méconnu et que le gouvernement futur.... Lecteur ,
achevez cette phrase.

Même , page 244 , je dis que la lutte du 13 vendémiaire
fut la lutte de la raison et des principes. Ici , j'en demande
pardon à mes lecteurs, je me suis défié de la sagacité de
quelques-uns d'entre eux et j'ai défini mes expressions.
Relisez mes définitions et dites-moi si je ne vous ai point
prémunis contre toute fausse interprétation de mes opinions , lorsque je défendrais la Convention par des *principes* qui, *comme des résultats de la raison , pouvaient être*
l'erreur ou la vérité.

(13

Après ces explications, transportez-vous à la pag. 148 ;
lisez en entier le n.° 139, et prononcez entre mon réfutateur et moi ; dites si l'on a pu hésiter un instant sur ce
qu'on a dû penser de mes opinions relatives à *cette obscure
journée du 13, où le premier prairial s'est vengé, où l'on
a confondu l'erreur avec le crime, l'imprudence avec la ré-
bellion*, et si l'on n'a pas dû demeurer convaincu que,
comme mon réfutateur lui-même, j'ai tout ramené au
droit du plus fort ; et que, si j'ai proféré ce mot *erreur*
en parlant des sections, c'est que je me suis très-bien rap-
pelé que Lafontaine avoit dit avant moi : *la raison du plus
fort est toujours la meilleure.* Mais pour savoir ce que je
pense de cette maxime, lisez ma note 1.re, page 151.
Tout s'enchaîne dans mon ouvrage ; il faut savoir me lire
ou du moins le vouloir, et ce que mon réfutateur a attaqué, avec raison peut-être, sous un certain rapport, mais
imprudemment sous un autre, et bien injustement à mon
égard, n'est pas la seule chose qu'il eût pu relever et qui
aura blessé plus d'un lecteur inattentif qui ne voudra pas
prendre la peine de me juger en masse. Mais A TOUT
J'AURAIS MA RÉPONSE, et je suis bien certain que le plus
grand nombre de mes lecteurs m'a déjà déviné.

Maintenant je vais au devant d'une objection qu'on
peut me faire. Pourquoi ces réticences, me dira-t-on,
et pourquoi ce demi-courage chez un homme qui s'est
vanté de parler sans ménagement des erreurs, des excès,
des fautes, des crimes de tous les partis ? Voici ma réponse. J'ai promis de n'employer que des ménagemens
propres à me conduire au but que je me suis proposé ;
or j'ai tenu parole. J'ai voulu calmer les esprits, assoupir
les divisions funestes qui nous fatiguent. Celles qui na-
quirent du 13 vendémiaire sont encore en activité ; et
parce qu'il m'est démontré que parmi les deux tiers réélus,
très-peu, infiniment peu méritent les reproches que l'on
peut adresser à quelques ambitieux appréciés par ceux-là
même qui, en les secondant, crurent de bonne-foi hâter
la fin de la révolution, j'ai dû parler comme je l'ai fait
et devancer la postérité qui, quoiqu'on en dise encore
aujourd'hui, moins passionnée que nous, payera à la
convention ce qu'elle lui devra d'éloges et d'exécration,
et ne maudira pas en masse, jugeant chacun selon ses
œuvres, pardonnant à la foiblesse et honorant la généreuse
coalition d'une majorité longtemps comprimée qui ren-

versa la tyrannie, et qui en empêchera le retour, malgré les efforts qu'on a osé tenter tout récemment.

Ma réponse est déjà bien longue, mon ami, mais elle n'est pas sans utilité, et j'espère que tu la conserveras en entier. Je finis par cette observation.

Quand il serait vrai que j'eusse manqué de courage par des considérations purement personnelles dans une question isolée, tandis que j'ai évité ce reproche à peu près dans toute autre matière, pourrait-on raisonnablement me blamer? J'observe qu'un écrivain, auquel on ne refusera ni le talent ni l'énergie nécessaires pour déchirer tous les voiles qui enveloppaient le 13 vendémiaire, n'a peint cette journée que par des trais informes et confus, dont il a noirci une de ses pages, et s'obstine encore anjourd'hui à garder un silence éloquent sur des événemens qui ont fait rétrograder de deux ans le règne des principes, de la raison, et de la justice. Or, j'écrivais le 1.er mai 1796; il y aurait de l'injustice à perdre cette date de vue. Que l'on compare ce que j'ai dit à cette époque avec ce qu'osaient dire dans le même temps les journaux et les autres écrits les plus remarquables par leur audacieuse véracité, on verra qu'ils étaient alors bien en arrière de la route que je leur frayais, et l'on m'en saura quelque gré, si l'on considère, non seulement que la presse venait d'être légiflativement attaquée, qu'à peine elle respirait de l'atteinte que l'on avait voulu porter à sa liberté, mais encore que j'écrivais à 150 lieues de la capitale, dans une ville enchaînée par Fréron, où seul j'avais su me conserver libre de corps et de pensée, où il n'existe aucun contre-poids pour balancer l'abus possible de l'autorité, et où parconséquent il faut une force morale décuple peut-être de celle qui suffit à Paris pour oser braver l'oppression. J'en ai dit assez, ce me semble, pour que mon réfutateur reconnaisse lui-même qu'il a eu tort de n'avoir pas voulu m'entendre à demi-mot, comme j'en avais prié mes lecteurs. Si je faisais mes Essais aujourd'hui, ils auraient sans doute une phisionnomie plus mâle; mais ils peindraient la France au 1.er novembre 1796 et non au 1.er mai. Il y a déjà bien loin de l'une à l'autre époque.

Salut et amitié. *Signé* FONVIELLE, aîné.